NOTICE
AUTO-BIOGRAPHIQUE

SUR

M. Eugène MARCHAND

DE FÉCAMP

Officier d'Académie, Lauréat de l'Institut et de la Société d'Agriculture
pratique de l'arrondissement du Havre;
Grand lauréat et membre correspondant des Sociétés nationales et centrales d'agriculture
de France et de la Seine-Inférieure, etc., etc.
Correspondant de l'Académie nationale de médecine, etc.

PARIS

IMPRIMERIE V⁺ RENOU, MAULDE ET COCK
144, Rue de Rivoli, 144

1876

NOTICE

AUTO-BIOGRAPHIQUE

SUR

M. Eugène MARCHAND

DE FÉCAMP

Officier d'Académie, Lauréat de l'Institut et de la Société d'Agriculture
pratique de l'arrondissement du Havre;
Grand lauréat et membre correspondant des Sociétés nationales et centrales d'agriculture
de France et de la Seine-Inférieure, etc., etc.
Correspondant de l'Académie nationale de médecine, etc.

M. Marchand est pharmacien de première classe. Il a exercé sa profession à Fécamp pendant une période de trente-trois années.

Il est membre du Conseil municipal de cette ville depuis 1848, et de la Chambre de commerce depuis 1865.

Il est membre du Conseil d'hygiène publique et de salubrité de l'arrondissement du Havre depuis 1851 et, à ce titre, il est chargé depuis 1859 de l'inspection des pharmacies de la circonscription.

Il est membre et secrétaire archiviste de la Commission de statistique du canton de Fécamp depuis 1853;

Il est président de la Commission instituée en vertu de la loi du 19 mai 1874, pour surveiller le travail des enfants dans les manufactures des cantons de Bolbec, Lillebonne et Fécamp.

Son nom est inscrit depuis 1860 sur la liste des collaborateurs du *Journal d'agriculture pratique*, publié à Paris sous la direction de M. Lecouteux.

Il a été appelé très-souvent à remplir les fonctions de chimiste expert près le tribunal correctionnel du Havre. L'exercice de ces délicates fonctions l'a conduit à la solution d'un problème considéré jusque-là comme insoluble : le dosage rapide, instantané, pour ainsi dire, du beurre contenu dans le lait. L'instrument dont il est l'inventeur, et à l'aide duquel on arrive à cet important résultat, est employé actuellement dans tous les hôpitaux militaires de la France, dans tous les hôpitaux civils de Paris et par tous les chimistes pour opérer la vérification du lait. Cet instrument, connu sous le nom de *Lacto-butyromètre*, a été examiné par l'Académie de médecine qui l'a hautement approuvé et recommandé à l'attention des Ministres de l'agriculture et de la justice, en raison des services qu'il peut rendre aux agriculteurs et aux hommes chargés de constater la pureté ou la bonne qualité des denrées livrées à la consommation publique. Le lacto-butyromètre a valu à M. Marchand une médaille d'or au concours agricole régional tenu à Rouen en 1861 ; il avait été récompensé auparavant, en 1858, d'une médaille d'argent grand module, par la Société libre d'émulation du commerce et de l'industrie de la Seine-Inférieure.

M. Marchand est l'auteur d'un certain nombre de travaux scientifiques, parmi lesquels on doit citer :

AU POINT DE VUE AGRICOLE

1° Ses recherches sur l'huile de madi (*madia sativa*) publiées par la Société centrale d'agriculture de la Seine-Inférieure.

2° Ses recherches sur le lait bleu, les causes déterminantes de sa production et les moyens de la prévenir, publiées par la même Société.

3° Son Mémoire sur la production comparée du lait par les vaches de race normande pure, et alliée avec la race Durham, publié par la Société nationale et centrale d'agriculture. Les recherches dont cet ouvrage offre le résumé ont été entreprises sur la demande de feu M. Lefour, inspecteur général de l'agriculture; elles ont valu à leur auteur, à la date du 25 janvier 1859, une lettre de remerciements de la part de M. le Ministre de l'agriculture, « pour l'importance du service rendu. »

4° Un Mémoire sur la production agricole et la richesse saccharine des betteraves considérées selon l'époque des ensemencements. Ce Mémoire, qui jette un grand jour sur l'un des plus importants problèmes de la pratique agricole et de l'industrie sucrière, a été accueilli avec une faveur spéciale, car il a été publié et répandu tout à la fois par la Société centrale d'agriculture de France, la Société centrale d'agriculture de la Seine-Inférieure, l'Académie des sciences, belles-lettres et des arts de Rouen, la Société des sciences, des arts et de l'agriculture de Lille, la Société centrale d'agriculture de Belgique, etc.

5° Son Rapport sur la situation de l'agriculture dans le canton de Fécamp, présenté à la Commission de statistique, et publié par l'Association normande (in-8° de 104 p.).

6° Son Mémoire sur la composition des cendres des végétaux produits par la grande culture dans le pays de Caux, et sur la composition des cendres de plusieurs *fucus* employés pour opérer la fertilisation des terres. (Publié dans les *Annales de chimie et de physique*, et par la Société havraise d'études diverses.)

7° Son Mémoire sur la composition des saumures de hareng, et leur valeur comme engrais, publié par la Société des sciences, des arts et de l'agriculture de Lille, et dans le *Journal de pharmacie et de chimie*. (Travail fait en collaboration avec M. J. Girardin, de l'Institut.)

8° Ses Études sur la distillation des betteraves, sur l'emploi agricole du guano, etc., publiées dans les journaux de Fécamp.

9° Son ouvrage ayant pour titre : *Étude statistique, économique et chimique sur l'agriculture du pays de Caux.*

Cet ouvrage a obtenu, en 1869, le prix de statistique, de la fondation Montyon, décerné par l'Académie des sciences. La Société nationale et centrale d'agriculture l'a récompensé de sa grande médaille d'or, et l'a publié *in-extenso* dans ses mémoires. Il forme un volume de 860 pages in-8°, et il a été honoré de la souscription du Conseil général de la Seine-Inférieure.

10° M. Marchand a publié en outre, depuis 1841 jusqu'à ce jour, dans les *journaux* de Fécamp et dans le *Journal d'agriculture pratique,* un grand nombre de notices, parmi lesquelles on peut citer d'une façon particulière ses études récentes sur la ferme du Lisors et sur la ferme de Saâne.

AU POINT DE VUE DE L'HYGIÈNE

1° Un travail sur les Eaux potables considérées dans leurs rapports avec le goître et le crétinisme, dont l'Académie des sciences a ordonné l'insertion dans son *Recueil des mémoires des savants étrangers;*

2° Son Mémoire sur les Eaux stagnantes, publié par l'Académie des sciences, belles-lettres et arts de Rouen.

3° Son ouvrage ayant pour titre : « Des Eaux potables en général considérées dans leurs rapports avec l'hygiène et la salubrité publique, la physique du globe, l'industrie et l'agriculture; en particulier des eaux utilisées dans les arrondissements du Havre et d'Yvetot, avec la carte géologique de ces arrondissements. » (1 vol. in-4.) Cet ouvrage a reçu l'approbation de l'Académie nationale de médecine qui l'a inséré dans ses mémoires.

Il a été publié en outre, sous les auspices de l'Académie des sciences de Rouen, avec le concours de la Société libre d'émulation du commerce et de l'industrie, et celui du Conseil général de la Seine-inférieure.

Un extrait en a été publié par la Société d'agriculture, des sciences et des arts de Lyon.

4° De nombreux Mémoires et Rapports présentés au Conseil d'hygiène publique et de salubrité de l'arrondissement du

Havre, dont plusieurs ont été insérés dans le *Bulletin des travaux des conseils d'hygiène* de la Seine-Inférieure.

Les travaux scientifiques de M. Marchand, comprennent encore :

Son Étude chimique sur l'herbe-à-pauvre-homme, — la Gratiole, — dont il a fait connaître le principe actif sous le nom de Gratiolin (*Journal de Chimie médicale*).

Ses travaux sur le lait considéré dans ses rapports avec la police judiciaire, couronnés par la Société de chimie médicale.

Ses Recherches relatives à l'action exercée par les hypochlorites sur l'ammoniaque et les sels ammoniacaux : elles ont servi de point de départ aux méthodes imaginées depuis pour doser l'azote dans les engrais (*procédé Melsens*) et dans l'urine (*procédé Leconte*).

Le Mémoire par lequel il a fait connaître une réaction si caractéristique et si sûre du plus redoutable des poisons végétaux — la strychnine, — que grâce à elle l'expert peut reconnaître avec certitude la centième partie d'un milligramme de cette substance dangereuse.

Le procédé qu'il a inventé et publié (avec un complet abandon de ses intérêts) pour préparer le citrate de magnésie *soluble*, — ce purgatif précieux que l'on n'avait pu obtenir, avant lui, à l'état solide, sous une forme telle que ses éléments intimement combinés donnassent un sel caractérisé par sa complète solubilité dans l'eau froide.

Son Analyse de l'eau de la mer, dans laquelle il a, le premier, dosé l'ammoniaque et la lithine.

Ses Analyses des eaux pluviales dans lesquelles *il a dosé*, dès 1830, et par conséquent avant tout autre chimiste, l'ammoniaque, l'acide azotique, et les sels enlevés à l'eau des mers par les vents, ce qui lui a permis d'éclairer d'un jour nouveau la théorie des jachères, et les questions relatives à la fertilisation du sol.

Ses Recherches sur la présence constante de l'iode et du brome dans les eaux atmosphériques et terrestres, ce qui lui a permis de jeter quelque jour sur la cause de l'endémicité du goître et du crétinisme.

Ses Recherches sur la composition des eaux ferrugineuses que l'on trouve dans les arrondissements du Havre et d'Yvetot.

Ses Recherches sur l'action exercée par l'oxygène naissant sur certains alcaloïdes, particulièrement sur la quinine et la cinchonine qu'il est arrivé à transformer, sous cette influence, en des matières tinctoriales douées d'une magnifique couleur rouge. Etc.

En accomplissant ces travaux, et d'autres encore qui ayant trait à l'exercice de la pharmacie ont donné lieu à des notices insérées dans le *Journal de pharmacie et de chimie*, dans le *Journal de chimie médicale* ou dans le *Répertoire de pharmacie*, M. Marchand s'est livré aussi sans interruption :

1° Depuis 1832, à une série d'observations météorologiques. Il en est résulté en 1863, la publication par la Société Havraise d'études diverses, d'un mémoire qui, sous le titre de « *Climatologie de la ville de Fécamp* » (in-8 avec tableaux), a été récompensé d'une médaille d'argent dans le congrès des Sociétés savantes tenu à la Sorbonne, le 2 avril 1864.

Cette publication a été complétée en 1875 par l'impression d'un nouveau mémoire qui, sous le même titre, résume toutes les observations faites à Fécamp pendant la période bi-décennale achevée au 31 décembre 1872;

2° Depuis le 1er décembre 1868 jusqu'au 31 décembre 1872, à des observations nombreuses pour arriver à la détermination de l'intensité de la Force chimique transportée dans les rayons du Soleil.

Ces persistantes investigations ont mis M. Marchand à même d'arriver, pour les conditions dans lesquelles il opérait, à une mesure précise de la Force qu'il avait résolu d'apprécier; elles lui ont permis aussi de formuler la loi selon laquelle s'opère la distribution des climats chimiques, sur les différents points du globe.

Le fruit de ces recherches a été publié par la Société nationale Havraise d'études diverses, sous ce titre : « Étude sur la force chimique contenue dans la lumière du Soleil, la mesure de sa puissance et la détermination des climats qu'elle caractérise » (in-8 avec pl.).

L'observatoire de M. Marchand a été visité par M. Ch. Sainte-Claire Deville, membre de l'Institut, inspecteur général des stations météorologiques.

Voici en quels termes ce savant éminent a rendu compte au Ministre de l'instruction publique (dans son rapport en date du 1er juillet 1873), de ce qu'il a vu à Fécamp :

«... M. Eugène Marchand est assurément un des hommes qui ont le plus contribué et le mieux mérité de la Science.

« Ses travaux sur l'agriculture du pays de Caux et sur les eaux des arrondissements du Havre sont devenus classiques. Il a imaginé et mis en pratique pendant plusieurs années une méthode actinométrique et photométrique, fondée sur des combinaisons ingénieuses, qui a été récemment présentée avec éloges à l'Académie des sciences.

« Enfin, et c'est ce qui nous intéresse le plus directement ici, au milieu de ses innombrables occupations, et de ses devoirs multipliés envers la ville de Fécamp, qui fait constamment appel à son expérience et à son dévouement, M. Marchand est parvenu à réunir pendant vingt ans, sans interruption, une des plus belles et des plus exactes séries d'observations météorologiques que nous possédions en France..... En m'arrêtant à Fécamp le 3 août 1872, je n'ai eu qu'à constater l'excellence des méthodes d'observation employées... »

TRAVAUX D'INTÉRÊT LOCAL

Les rapports présentés par M. Marchand au Conseil municipal et à la Chambre de commerce de Fécamp sont trop nombreux pour être indiqués ici.

On citera seulement celui qu'il a rédigé pour démontrer l'impossibilité où l'on se trouve de supprimer les octrois, sans les remplacer d'une façon plus préjudiciable aux intérêts des populations. Le Conseil municipal a fait publier ce rapport en 1869 et l'a fait adresser aux ministres compétents, ainsi qu'aux municipalités de *toutes* les villes à octroi.

TITRES SCIENTIFIQUES

Outre ceux qui ont été indiqués précédemment, M. Marchand a obtenu encore ceux de Membre de l'Institut des provinces, de membre correspondant des Académies ou Sociétés académiques de Bayeux, Caen, Le Havre, Lille, Lyon, Rouen, etc.; de la Société centrale d'agriculture de Belgique; des Sociétés de pharmacie de Paris, de Rouen, du Havre, d'Anvers, de l'Allemagne du Nord, de Lisbonne, etc., etc. Enfin, il a eu l'honneur d'être appelé à la Vice-Présidence de la Section de chimie et de physique du Congrès des délégués des Sociétés savantes tenu à la Sorbonne en avril 1874.

RÉCOMPENSES OBTENUES

Outre celles déjà mentionnées, M. Marchand a obtenu encore :

La grande médaille d'or de la Société centrale d'agriculture de la Seine-Inférieure, la médaille d'or de la Société d'agriculture pratique de l'arrondissement du Havre;

Deux médailles d'or au concours agricole régional tenu à Rouen en 1861, etc., etc.

Il a obtenu enfin les médailles décernées par M. le Ministre de l'agriculture aux membres des commissions cantonales de statistique, savoir : en 1857, celle de seconde classe, et en 1861, 1865, et 1869 celles de première classe.

12 Avril 1876.

www.ingramcontent.com/pod-product-compliance
Lightning Source LLC
Chambersburg PA
CBHW070435080426
42450CB00031B/2664